쿠로짱, 별이 되다

# 쿠로짱, 별이 되다

쿠로짱 일기

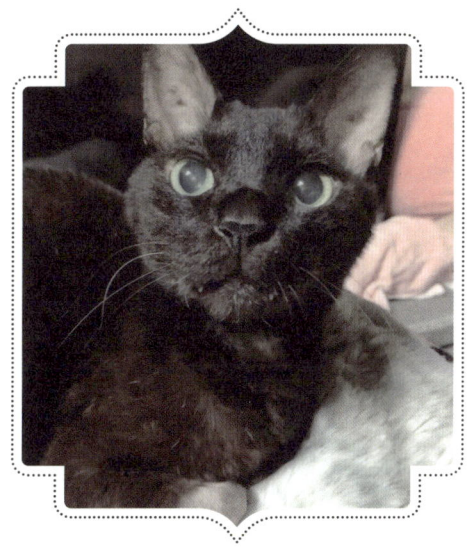

Kyo 지음

어깨 위 망원경

🐾 들어가는 말

🐾 부모님 두 분이 같은 해에 세상을 떠나셨습니다. 그런 내 앞에 쿠로짱이 갑자기 나타나 오랫동안 함께 했습니다. 내 자식이자 반려자였지요.

만약 자신의 자녀나 반려자가 시한부 2개월이라는 말을 듣는다면, 어떤 기분일까요? 무력하게 그 죽음을 지켜보는 것밖에 할 수 없다면 어떨까요? 나의 반쪽인 쿠로짱이 그렇게 사라졌습니다.

그래서 글을 통해 다시 쿠로짱과 만나고자 했습니다. 이제 쿠로짱은 이 글 안에서 늘 저와 함께 합니다.

## 차례

들어가는 말 … 5

쿠로와의 만남 … 9
쿠로와의 생활 … 17
검사 … 23
악성 신장암 … 27
항암제 투여 … 33
쿠로의 생사확인 … 37
암 극복! … 41
밥을 먹지 않는 쿠로 … 47
쿠로는 차가 싫어! … 53
다시 병에 걸린 쿠로 … 57
아주머니의 거짓말 … 63
천국으로 간 쿠로 … 69

쿠로의 속마음 … 72
엄마의 속마음 … 76

## 🐾 쿠로와의 만남

🐾 저는 혼자 살고 있습니다. 하지만 처음부터 그랬던 것은 아닙니다. 원래는 부모님과 함께 살았습니다.

그러나 아버지는 2010년 1월 1일 경사스러운 설날에 돌아가셨습니다. 그리고 어머니는 아버지가 돌아가신 해 12월 25일 크리스마스에 돌아가셨습니다.

아버지와 어머니가 같은 해에 돌아가신 건 드문 일이 아닙니다. 하지만 두 분 모두 경사스러운 날이나 기념할 만한 날에 돌아가신 건 드문 일이겠지요.

아버지와 어머니가 돌아가신 후 3년째 되는 해에 친구가 깜짝 제안을 했습니다. "혼자서는 외로우니 고양이를 키워보면 어떻겠니?" 저는 바로 거절했습니다. 한 번도 동물과 생활해 본 적이 없어서였습니다. 하지만 친구는 끈질기게 고양이를 키우라고 권유했습니다. 그래서 저는 "내가 왜 고양이를 키워야 하는데? 혹시 다른 이유가 있는 거니?" 하고 물었습니다. 그러자 친구는 이유가 있다고 답했습니다. 바로 쿠로(クロ)라는 이름의 고양이 때문이었습니다.

이웃끼리 늘 쿠로를 위해 밥이나 물을 현관 앞에 두고 돌봐주고 있었는데, 사실 저도 그중 하나였습니다. 즉 쿠로는 우리 마을에서 잘 살고 있었

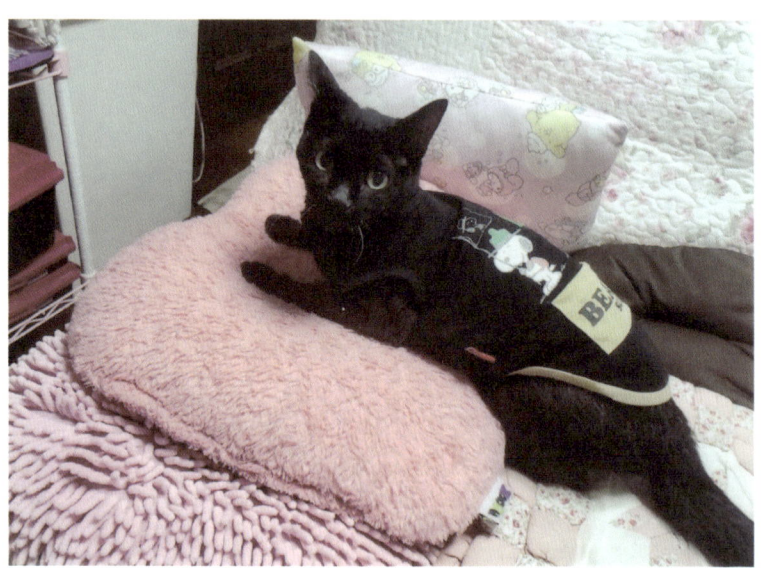

습니다.

하지만 여름이 되면 모기가 많아져 위험하다는 것이었습니다. 고양이가 모기에 물리면 심장사상충에 감염이 됩니다. 그런데 이렇게 감염된 고양이는 쉽게 죽어 버린다는 것이었습니다. 그러니 제가 입양해달라는 부탁이었습니다.

쿠로를 돌봐주는 다른 이웃들은 왜 아무도 쿠로를 집에 들이지 않는 건지 의아했습니다. 친구에게 물어보자, 다들 이미 두 마리씩 집에서 고양이를 키우고 있어 이 이상 늘어나면 남편이 화를 낼 테니 키울 수 없다고 했답니다.

저는 어떻게 해야 할지 고민이 되어 조금 생각해 보겠다고 한 뒤 친구와 헤어졌습니다. 계속 고민하고 있자, 친구가 차로 쿠로를 데려와 주었습니다. 그리고는 쿠로를 깨끗하게 씻겼으니 이 집에서 적응하고 지낼 수 있을지 시험해 보자고 제안했습니다.

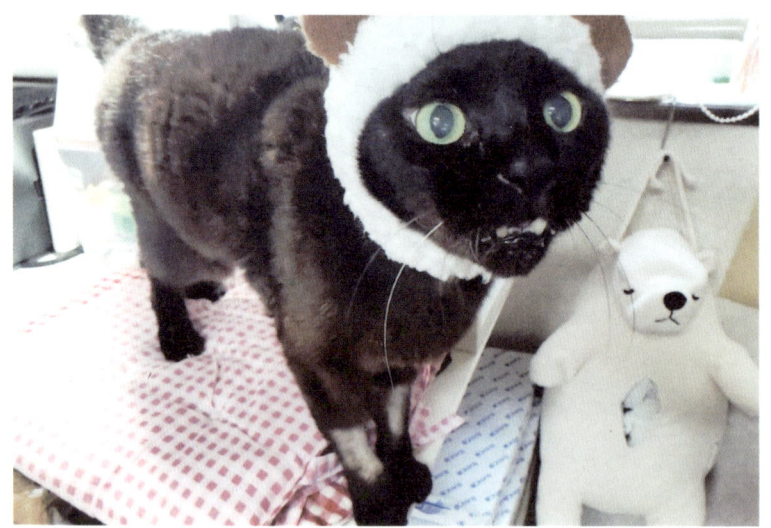

저희 집 거실에는 밖으로 돌출된 창이 있습니다. 친구는 이 창가에 쿠로를 두고 밥을 준 뒤 잘 먹는지 보자고 하는 겁니다. 밥은 제가 주는 게 좋을 것 같다고 하기에 조심스럽게 밥을 내밀었습니다. 그러자 쿠로는 와그작와그작 소리를 내며 금세 그릇을 비웠습니다. '아, 사람을 잘 따르는 고양이구나.'라고 느꼈습니다. 그러던 중에 친구가 이번에는 안아보라며 갑자기 저에게 쿠로를 넘겨주었습니다. 조금 무서웠기에 그만 몸을 빼버렸습니다.

친구는 여러 번 안아보면 적응이 된다며 다시 제 가슴팍에 쿠로를 안겨주었습니다. 아주 얌전한 아이라 괜찮다는 말에 조심조심 안아보자, 쿠로가 제 얼굴에 머리를 비볐습니다. 저는 너무 놀라 탄성을 질렀습니다. 처음인데도 이렇게 금방 적응하다니 놀라웠습니다. 머리를 쓰다듬어 주자 점점 저에게 몸을 기울여 왔습니다. '어쩜 이렇게 귀여울까?' 하고 생각했습니다. 그리고 쿠로와 함께 살기로 결정했습니다.

## 🐾 쿠로와의 생활

🐾 고양이와의 생활은 처음이라 마음이 들떴습니다. 쿠로는 동그랗고 커다란 눈에 검은 털, 쫑긋 선 커다란 귀를 하고서는 제게 응석 부리며 딱 붙어 움직였습니다. 단 하루 만에 적응하다니 정말 드문 일이라고 생각했습니다. 아주 얌전한 고양이인 쿠로는 귀여운 목소리로 "야옹!" 하고 웁니다.

쿠로가 자는 곳은 총 네 군데입니다. 첫 번째는 테이블 밑. 겨울에는 전기 장판을 까는 곳입니다. 두 번째는 컴퓨터 위. 제가 컴퓨터를 사용하지 않는 시간에는 그 위에 올라가 시간을 보냅니다. 세 번째는 소파 위. 누워서 편하게 쉬곤 합니다. 네 번째는 창가. 쿠로를 위해 방석을 깔아 두었는데 그 위에서 햇볕을 쬡니다.

쿠로는 제 차의 엔진 소리를 알고 있습니다. 제가 일이 끝나 집에 돌아오면 쿠로가 문 앞으로 와서는 "야옹!" 하고 저를 맞아줍니다.

함께 놀 장난감을 여러 개 샀지만, 쿠로가 가장 좋아하는 것은 작은 쥐 장난감입니다. 이 장난감과 함께 놀 때마다 쿠로는 펄쩍펄쩍 뛰며 즐거워합니다. 저도 함께 놀고 있다 보면 '고양이는 이렇게나 귀엽고 재밌는 동물이구나!' 하고 깨닫게 됩니다. 고양이를 기르게 되어 정말 다행입니다. 밥을 먹거나 물을 마시거나 츄르를 먹거나 하며 매일

즐겁게 지내고 있습니다.

 일을 쉬는 날이면 집에서 쿠로와 함께 잠을 잡니다. 쿠로는 늘 제 팔을 베고 잡니다. 여름은 더운 탓에 저와 조금 떨어져서 자지만 겨울엔 추운 덕에 제게 꼭 붙어 함께 자줍니다.

## 검사

🐾 쿠로가 감기 기운이 있는 것 같아 늘 가던 병원에 데려갔습니다. 수의사 선생님은 주사를 한 대 놔주셨습니다. 그리고는 쿠로도 꽤 나이를 먹었으니, 전체적으로 검사를 한 번 해보는 게 좋을 것 같다고 하시기에 바로 수락했습니다. 2021년 5월 25일에는 밥을 먹지 말고 검사를 받으러 오라고 안내해 주셨습니다.

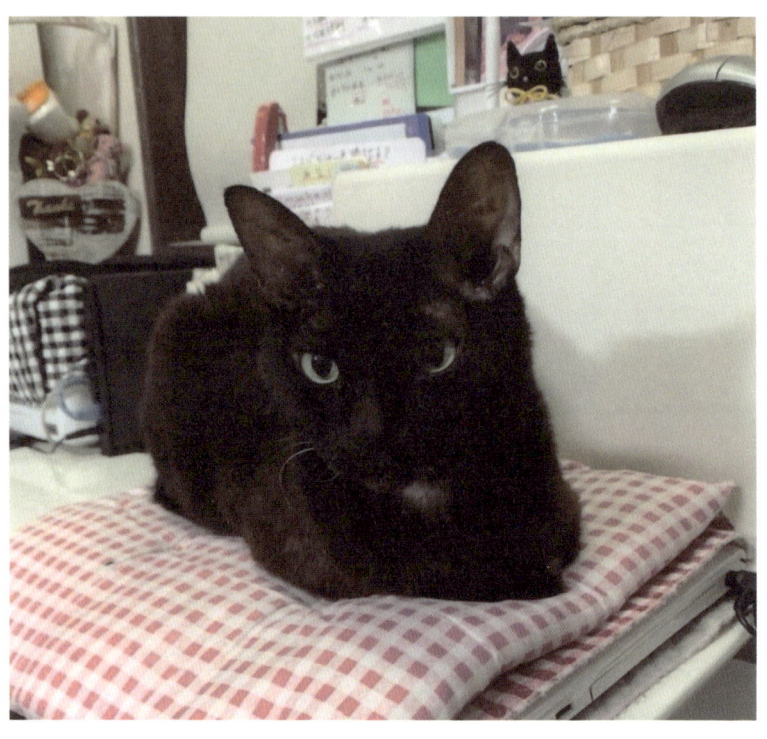

검사를 마치고서 일주일 후 결과를 들으러 오라는 안내를 받고 집에 돌아왔습니다. 쿠로는 건강하게 밥을 먹고 물을 마시며 늘 지내는 장소에서 눕거나 창문으로 뛰어올라가거나 했습니다. 쿠로도 꽤 나이를 먹어 이제 사람 나이로는 60세 정도입니다. 하지만 정말 건강한 아이입니다. 저는 아무런 걱정도 하지 않았습니다.

이후 가벼운 마음으로 검사 결과를 들으러 갔는데, 수의사 선생님께서 신장이 좋지 않아 종양이 생겼으니 암 센터에 가서 악성인지 여부에 대해 검사를 받아보라고 하셨습니다. 저는 두려움에 가슴이 두근댔습니다. 선생님께 쿠로가 암에 걸렸는지를 저도 모르게 큰 소리로 물어보았습니다. 선생님은 검사를 해보지 않으면 모르는 거라며, 암 센터에 예약할지 물어봐 주셨습니다. 저는 바로 예약해 달라고 부탁했습니다. 마음이 무겁고 온몸이 떨렸습니다. 선생님께서는 아직 모르는 일이라며 저를 위로해 주셨습니다.

## 악성 신장암

2021년 6월 3일, 병원에서 소개를 받은 VR센터에 암 검사를 받으러 갔습니다. 쿠로는 아무것도 먹지 않은 상태였습니다. 아침부터 끼니를 거르고 가야 하기에 쿠로가 힘이 들겠다 싶었습니다. 혼자 가기에는 불안해 친구와 함께했습니다. 예약을 했지만 생각보다 시간이 걸려 아슬아슬하게 정시에 맞춰 도착했습니다. 도착하자마자 쿠로만 바로 다

른 곳으로 이동했습니다. 두 시간 정도 걸리니 대기실에서 기다려 달라고 안내를 받았습니다. 저는 아직도 실감이 나지 않았습니다. 쿠로가 암에 걸렸을 수도 있다는 사실이 도무지 믿기지 않았습니다.

친구와 잠시 카페에서 기다리다가 병원 대기실로 돌아갔습니다. 기다리는 중에 계속 가슴이 두근댔습니다. 선생님이 부르셔서 쿠로의 검사 결과를 들으러 갔습니다. 그러자 이미 악성 암인 상태라며 남은 수명은 두 달이라 하셨습니다. 저는 눈앞이 캄캄해지고 몸에서 힘이 빠져나갔습니다. 선생님께서는 쿠로에게 항암제를 투여하라면서, 앞으로의 일은 늘 다니던 병원 선생님과 논의하라고 안내해 주셨습니다.

저는 친구와 함께 쿠로를 데리고 돌아갔는데 평소와는 달리 길을 찾을 수 없어 우왕좌왕했습니다. 그러자 친구가 정신 차리라며 혼을 냈습니다. 그 한마디에 제 눈이 번쩍 뜨였습니다. 정신을 차려야 한다고 스스로를 타일렀습니다. 근처에 있던

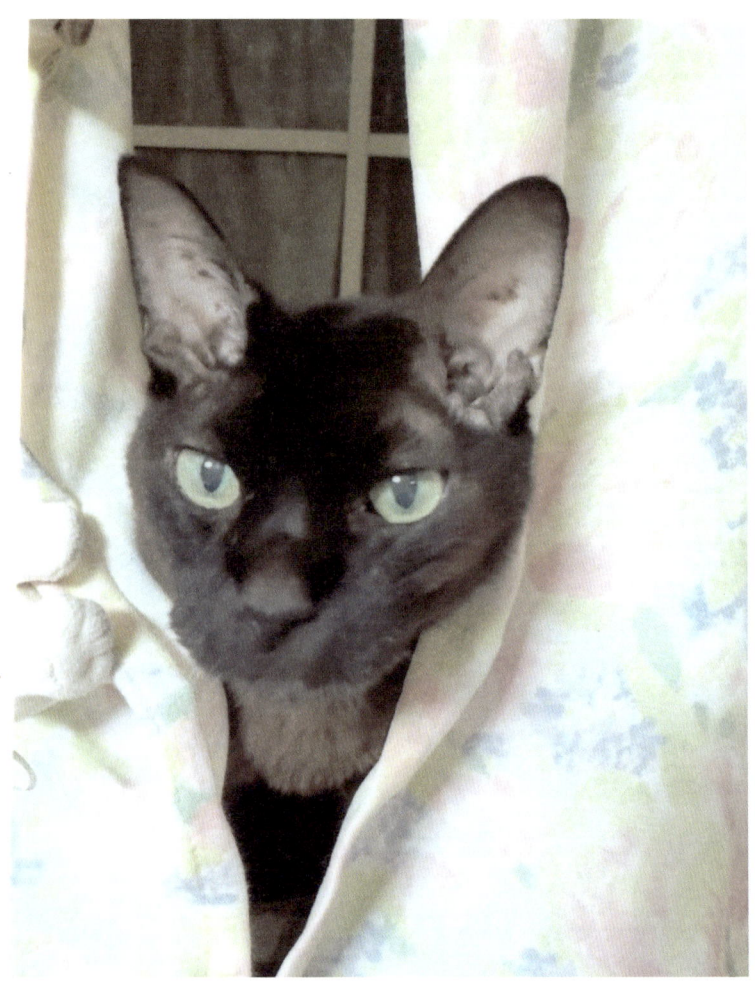

택시 운전사 분께 길을 물어 무사히 집으로 돌아오는 경로를 찾을 수 있었습니다. '역시 쿠로가 암에 걸렸다는 얘기를 듣고 동요하고 있었구나' 하고 깨달았습니다. 밥을 먹지 못한 쿠로가 가여워 서둘러 집으로 돌아갔습니다.

## 🐾 항암제 투여

🐾 쿠로에게는 종양이 있고, 그것도 악성 종양이란 것을 알게 되었습니다. 쿠로의 정식 병명은 신장암이었습니다.

머릿속으로는 빠르게 항암제를 투여해야 한다고 생각했지만, 망설였습니다. 전에 고양이에게 항암제를 투여하자 바로 목숨을 잃었다는 이야기를 들었기 때문입니다. 하지만 친구는 큰 소리로 "항

암제를 투여하지 않으면 쿠로가 두 달밖에 살지 못한다고!"라고 외치며 저를 일깨워 주었습니다.

"그래, 항암제를 투여하지 않으면 쿠로는 죽어. 두 달 만에 죽으면 어떡하지? 함께 싸워서 이겨내자!"라고 말하며 쿠로를 꼭 안아 주었습니다. 쿠로는 그저 "야옹!" 하고 울었습니다. "쿠로, 힘내자!" 하고 몇 번이나 쿠로에게 말했습니다.

## 🐾 쿠로의 생사확인

🐾 2021년 6월 4일에 쿠로에게 항암제 투여를 시작했습니다. 다음 날, 일이 끝난 후 돌아와 큰 소리로 쿠로를 불렀습니다. 그러자 쿠로가 언제나처럼 "야옹!" 하고 울었습니다. 다행이다. 건강한 울음소리가 들려와 안심했습니다. 쿠로를 꼭 안고 "살아 있어 줘서 고맙다"며 엉엉 울었습니다. 너무 기뻐서 몇 번이나 안았습니다.

어느 날, 일이 끝난 후 돌아와 바로 쿠로를 불렀는데 울음소리가 들리지 않았습니다. 들고 있던 가방을 던지고 신발도 벗지 않은 채 안으로 뛰어가 코타츠를 열어 다시 한번 큰 소리로 쿠로를 불렀습니다.

다행하게도 쿠로는 코타츠 안에 있었습니다. 잠자다 깬 쿠로가 놀란 얼굴로 저를 쳐다보았습니다. "다행이다, 숨을 쉬고 있어서. 고마워, 쿠로. 살아 있어 줘서 고마워!" 하고 큰 소리로 쿠로에게 말했습니다.

그리고 일 년이 지났습니다. 길고 길었던 쿠로의 항암제 투여도 어느덧 끝을 맞이했습니다.

## 🐾 암 극복!

🐾 암 센터에 예약을 한 뒤 쿠로를 데리고 갔습니다. 친구가 함께 와 주어 정말 기뻤습니다. 혼자서는 너무 불안해서 운전하다가 사고가 날까 봐 걱정되어 함께 와 준 것입니다.

　　드디어 암을 극복한 걸까? 정말 걱정이 되었지만, 머리 위에서 무언가가 살랑거리며 떨어진 것 같은 이상한 기분이 들면서 2022년 5월 17일부로

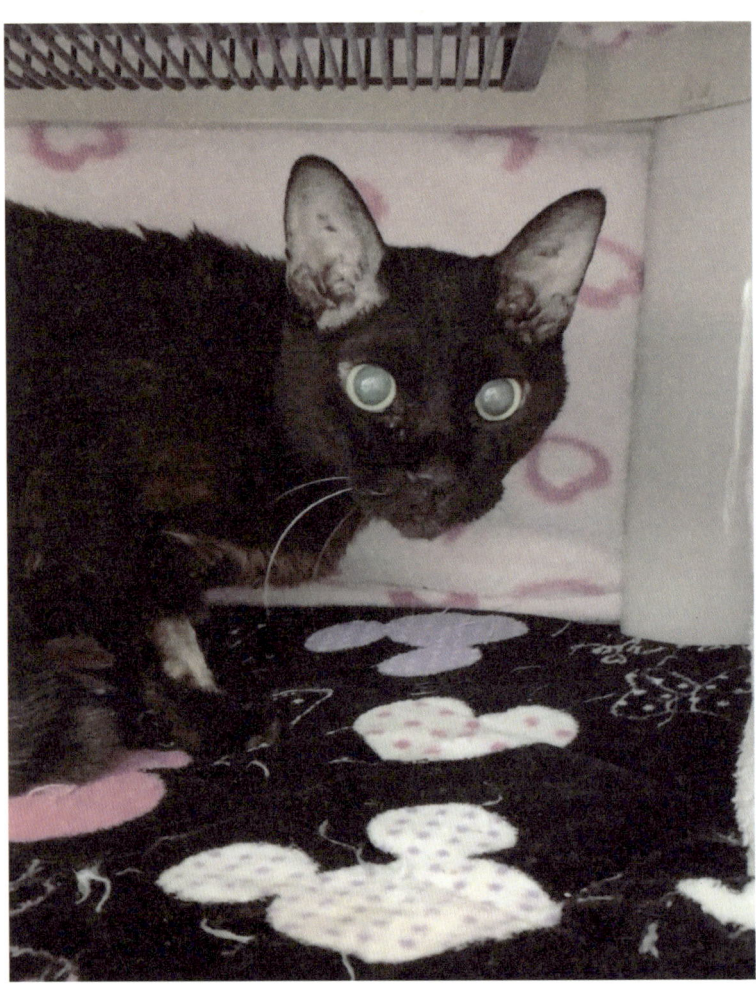

암이 없어졌다는 목소리가 들린 것 같았습니다. 하지만 결과를 들을 때까지는 알 수 없는 일이니 불안했습니다.

암 센터 선생님은 검사 결과 사진을 보시고는 매우 놀란 얼굴로 저를 보셨습니다. 저는 쿠로의 암이 사라지지 않은 건지 물어보았습니다. 선생님은 "그게 아니라 너무 깨끗하게 전부 사라져서 놀랐다"고 대답하셨습니다. 저 역시 쿠로의 암이 이렇게 깨끗하게 사라진 것에 너무 놀랐습니다. 게다가 쿠로는 사람 나이로 60세를 넘었는데 이렇게 굉장한 일이 일어난 것입니다.

저는 너무 기뻐서 어린아이처럼 펄쩍 뛰었습니다. 눈물이 멈추지 않고 계속 흘러나왔습니다. 선생님께서 평소 다니는 병원 선생님께도 검사 결과를 보내 놓을 테니 앞으로 어떻게 신장을 치료할지 논의하라고 하셨습니다. 그리고 힘내라고 응원해 주셨습니다.

저는 지금부터가 더 힘들 거라고 생각했습니

다. 아직 일주일에 한 번씩 링거도 맞고 있었습니다. 신장이 아직 치료되지 않아서입니다. 암은 극복했지만 신장 치료는 지속해야 합니다. 쿠로는 열심히 치료를 받았습니다.

 쿠로는 먹는 양이 줄어 거의 밥을 먹지 않게 되었습니다. 그리고 링거도 일주일에 두 번이나 맞고, 먹어야 하는 약들도 늘어났습니다. 알약과 물약을 계속 먹어야 합니다.

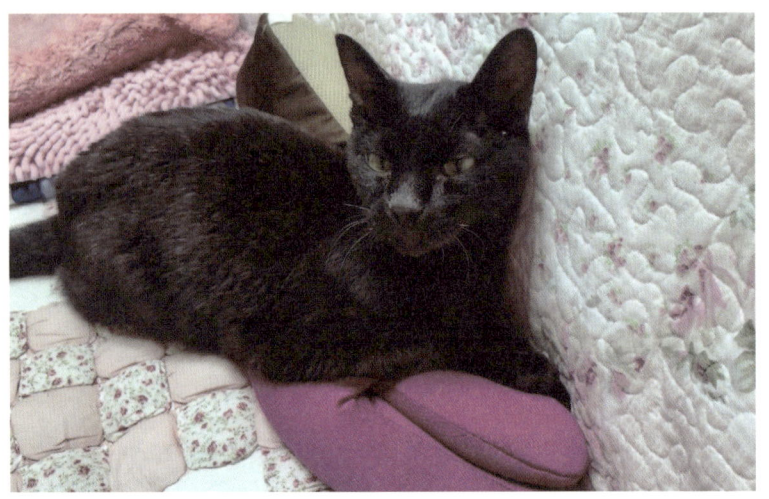

# 🐾 밥을 먹지 않는 쿠로

🐾 갑자기 쿠로가 밥을 먹지 않아 걱정되어 어떻게 하면 잘 먹을지 고민하기 시작했습니다. 이제는 생선밖에 먹지 않습니다. 여러 방법을 생각한 결과, 건조 사료인 카리카리를 가루 형태로 부숴 생선과 함께 먹이기로 했습니다. 그러자 쿠로가 다시 밥을 먹어 주었습니다. 기뻐서 생선과 함께 섞어 계속 먹여 보았더니, 이삼일 뒤에는 건조 사료 카

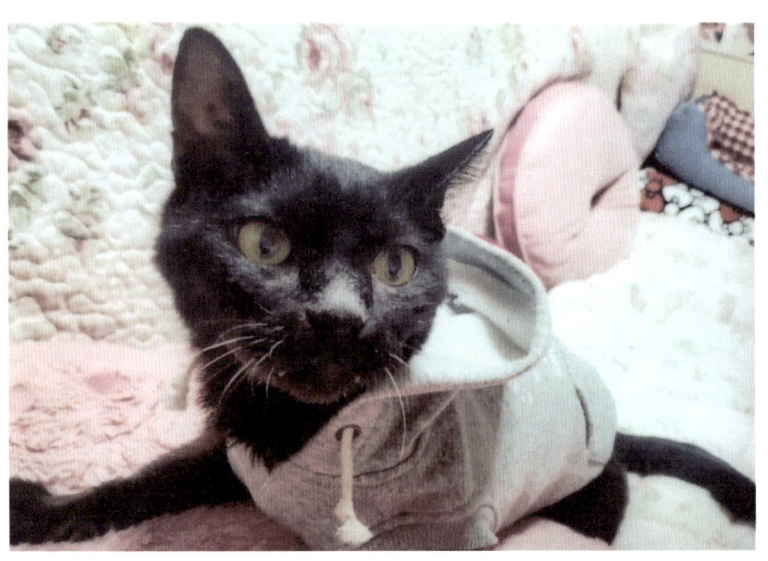

리카리만 주어도 잘 먹게 되었습니다. 평소처럼 밥을 먹을 수 있게 되었으니 이대로라면 신장도 좋아질 거라고 생각했습니다.

하지만 아직 완전히 나은 것은 아니라서 계속 링거를 맞아야 합니다. 더욱이 약이나 물약 모두 두 가지씩 먹여야 해서 무척 힘들었습니다.

다행히도 지인인 아주머니가 집에 머물며 약을 먹여주겠다고 하셨습니다. 저에게 늘 신세만 졌으니 이 정도는 할 수 있다고 말씀해 주셨습니다.

저는 여러 일을 동시에 하고 있어 출장을 가는 일도 종종 있었기에 그런 배려가 힘이 되었습니다. 치료비도 꽤 들었지만 소중한 쿠로를 위한 일이니 오래 살아 주었으면 했습니다. 암을 극복한 건 쿠로가 오래 살 수 있다는 증거라고 확신했습니다.

단지 아주머니는 고양이를 키운 적이 없었습니다. 그래서 가끔 도우미를 부르는 게 좋겠다고 아주머니께 제안했습니다. 그러자 아주머니는 잘 돌볼 테니 도우미는 부르지 말라고 하셨습니다. 불필

요한 지출은 하지 말고 자신을 믿고 맡겨 달라며 자신만만해하셨습니다. 그래서 저는 그 말만 믿고 전적으로 아주머니에게 쿠로를 맡겼습니다.

## 🐾 쿠로는 차가 싫어!

🐾 병원에 갈 때마다 쿠로는 울어댑니다. 차에 타는 게 싫어서 늘 "야옹, 야옹." 하고 웁니다. 집에 돌아가자마자 이동장에서 튀어나옵니다. 얼른 집에서 느긋하게 지내고 싶었던 거겠지요.

밥을 먹지 않으면 쿠로가 오래 살 수 없을 것 같았습니다. 그래서 밥을 가루로 만들어 구운 생선과 섞어주면 맛있게 먹었습니다. '다행이다, 이제

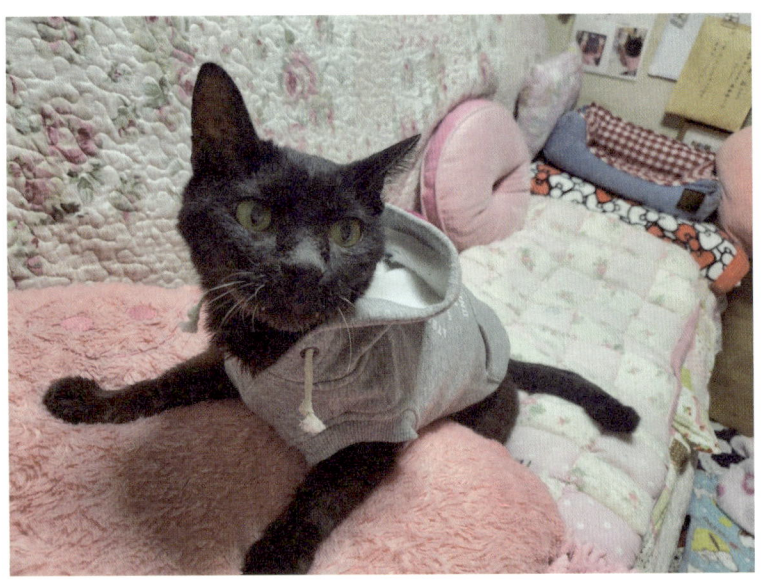

안심할 수 있겠네.' 하지만 어느 정도 시간이 지난 후에는 다시 생선과 가루로 만든 밥을 먹지 않게 되었습니다.

　　수의사 선생님께 상담하니 외국산 연고를 주시며 그걸 쿠로 귀에 바르면 식욕이 돌아올 거라고 알려 주셨습니다. 귀에 연고를 발라주자 정말로 쿠로는 생선을 섞지 않아도 밥을 먹기 시작했습니다.

　　저는 너무 기뻤습니다. 내 아이 같은 고양이라 눈물이 멈추지 않았습니다. 쿠로가 왕성한 식욕으로 밥을 먹어 주니 감사하고 또 감사했습니다.

　　이대로라면 오래 살아 주겠지요. 쿠로는 사람 나이로 육십 세. 앞으로 십 년 정도는 더 살아주었으면 합니다. 그때도 아주머니가 쿠로를 돌봐주시고, 아침저녁으로 약을 먹여 주셨으면 합니다. 친척도 아닌데 정말 다정하게 대해 주십니다. 쿠로는 암을 치료할 때 혼자 집을 지켜야 했습니다. 그래서 쿠로가 많이 쓸쓸하겠다 싶었는데 이제는 아주머니가 계셔서 정말 다행입니다.

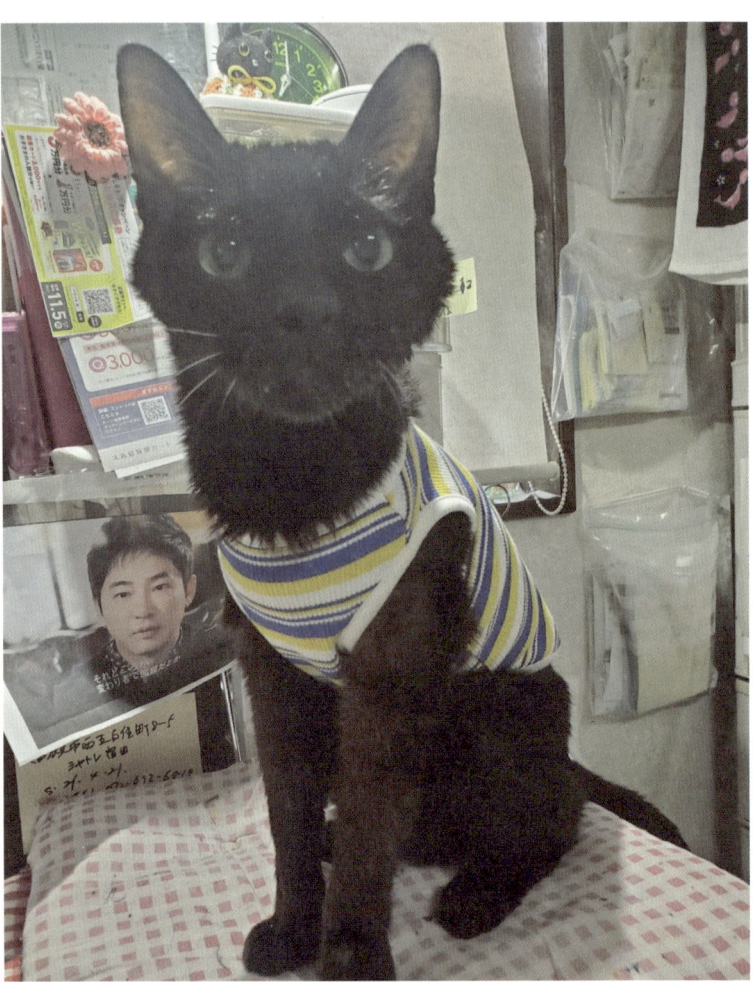

## 🐾 다시 병에 걸린 쿠로

🐾 늘 다니던 병원에서 링거를 맞은 후 바로 옆에 있는 펫 숍에 갔습니다. 그 숍에 새끼 고양이를 낳고 구조된 그레이라는 고양이가 있던 것이 문득 떠올랐습니다. 그레이는 치통으로 힘들어했습니다. 그래서 치아를 두 개나 발치했는데, 오히려 그 뒤에 상태가 나빠져 천국에 갔습니다.

고양이는 몸 구석구석을 살펴봐야 합니다. 말

로는 가르쳐주지 않으니 보호자가 빠르게 병을 알아차려야 한다고 생각했습니다.

이런 생각이 들자 쿠로도 양치를 하는 게 좋을 것 같아 아주머니께 양치를 해주실 수 있을지 물어보았습니다. 손가락에 끼워 양치를 하는 타입이라 칫솔보다는 쉬울 것 같았습니다. 혹시 어려우시면 제가 하겠다고 말씀드렸습니다. 그러자 아주머니는 이미 약도 먹이고 있으니 문제없다고 대답하셨습니다. 이렇게 쿠로의 양치가 시작되었습니다.

며칠이 지나자 쿠로는 또다시 밥을 먹지 않게 되었습니다. 직장에서 아주머니께 상태를 물으며 같은 질문을 세 번이나 했습니다. "쿠로, 양치는 잘 하고 있나요?" 하고 여쭸더니 그렇다고 하셨습니다.

쿠로의 신장이 나빠진 건가 염려되었습니다. 그래서 일을 마친 후에 병원에 데리고 가려 했습니다. 하지만 그날은 병원이 쉬는 날이라 다음 날까지 기다려야 했습니다. 저는 너무 걱정되었습니다.

다음 날, 병원에 가서 살펴보니 충치가 아니라

이의 옆쪽이 빨갛게 부은 상태였습니다. 암은 아니라고 했습니다. 하지만 치료하기 위해서는 CT로 검사를 해야 한다고 합니다. 검사를 예약해야 하지만 쿠로는 며칠이나 밥을 먹지 못해 몸이 쇠약한 상태였습니다. 밥을 먹지 않으면 신장이 약해져 목숨을 잃을 가능성이 있습니다.

## 🐾 아주머니의 거짓말

🐾  그때 저는 살아도 살아있는 느낌이 아니었습니다. 왜 아주머니는 쿠로의 양치를 해주었다고 거짓말을 하셨을까요? 양치를 해줬으면 쿠로의 치아 옆이 빨갛게 부은 걸 알았을 텐데, 왜 모르셨는지 물어보았습니다. 그러자 아주머니는 미안하다며, 실은 양치를 하지 않았다고 답하셨습니다.

왜 그러신 걸까요? 저에게 신세를 졌으니 쿠

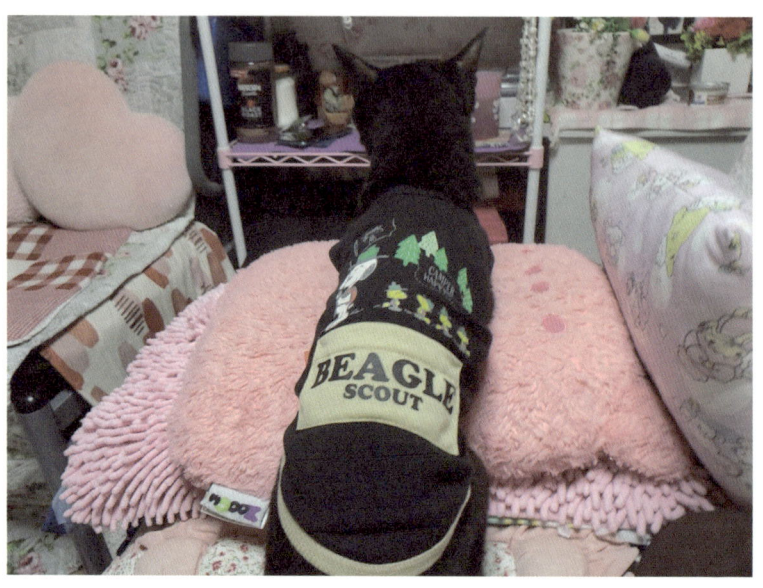

로를 돌보아주겠다고 하셨는데 왜 거짓말을 하신 걸까요?

그 이후의 일이지만, 쿠로짱이 천국에 갔다는 소식을 들으신 도우미 분께서 저희 집으로 찾아오셨는데, 그때 아주머니가 도우미에게 귀찮았다고 대답했다네요. 도우미 분은 무서운 얼굴로 어떻게 쿠로 앞에서 그런 말을 하실 수 있냐고 화를 내시고는 그대로 돌아가셨습니다.

이 말을 들은 저는 너무 화가 나 아주머니께 당장 나가라며, 다시는 이 집에 오지 말라고 큰소리로 호통쳤습니다. 하지만 아주머니는 다음 달까지는 지내게 해달라고 사정하셨습니다.

왜 거짓말하셨냐고 묻자, 아주머니는 제게 '할 수 없다'는 말을 차마 못 했다고 합니다. 하지만 저는 아주머니가 어려우면 제가 하겠다고 했고, 아주머니는 이미 쿠로에게 약을 먹이고 있으니 양치도 할 수 있다고 대답했습니다.

도대체 왜 그러셨는지 지금도 저는 이해할 수

가 없습니다. 물론 이제 와서 어떤 말을 한들 소용이 없지만요. 모두 제가 잘못했습니다. 아주머니를 집에 들인 저의 책임입니다. 눈물이 멈추지 않았습니다.

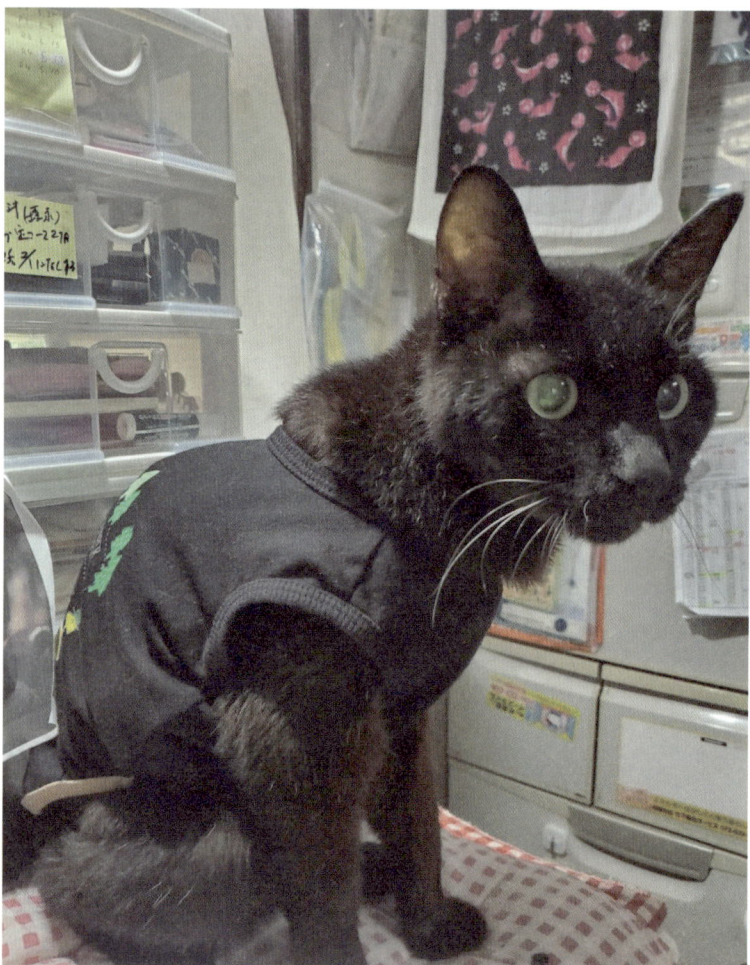

## 🐾 천국으로 간 쿠로

🐾 쿠로는 입원 후 나흘째에 검사를 받을 예정이었지만, 검사를 받기는커녕 안을 수도 없을 만큼 상태가 나빠졌습니다.

옆으로 누이지 않도록 조심하며 집으로 데리고 왔습니다. 쿠로는 분명 잠시나마 집에 올 수 있어서 기뻤을 겁니다. 저는 몇 번이나 미안하다고 사과했지만 용서받을 수 있을 것 같지 않았습니다.

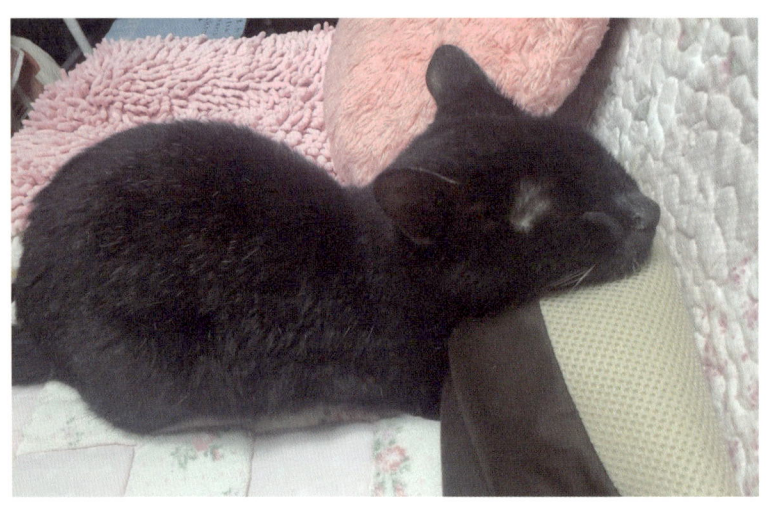

집에 돌아온 지 세 시간 후에 쿠로는 배가 고파 갈라진 목소리로 "우오!" 하고 울었습니다. 그리고는 숨을 거두었습니다.

애초에 아주머니가 거짓말을 하지 않았다면 아직 쿠로는 살아있었을지도 모른다는 생각을 종종 하게 됩니다. 하지만 지금 무슨 말을 하더라도 쿠로는 돌아오지 않습니다. "소중한 쿠로, 미안해!" 몇 번을 사과해도 이 마음은 전할 수 없습니다.

쿠로는 저에게 있어서 가장 사랑하는 존재였습니다. 제 아들이자, 때로는 남자 친구 같은 존재였습니다.

"혼자 살던 나의 집에 와줘서 고마워! 평생 잊지 않을게!" 다시 혼자 살게 되었지만 늘 제 곁에는 쿠로가 있는 것 같은 느낌이 듭니다.

"지금까지 정말 고마워! 천국에서 편히 쉬어. 언젠가 꼭 만날 날이 올 거라 믿고 있어. 안녕이라고 말하지는 않을게. 다시 만날 날을 기대하고 있을게."

## 🐾 쿠로의 속마음

엄마에게.

제가 엄마 집에 온 뒤로 벌써 십 년이 지났어요! 처음 엄마 집에 왔을 때 조금 무서워하는 것처럼 보이는 얼굴로 나를 안아줬죠? 그때 나는 '이제 이 집에 살게 되는 거구나' 하고 깨달았어요.

너무 기뻤어요! 이 집에 오기 전에는 여기저기 돌아다니며 사람들에게 밥을 얻어먹어야 했는데, 이제 내게 집과 엄마가 생겼으니까요. 이분이 내 엄마가 되었다는 걸 저는 바로 알았어요.

잘 때는 늘 팔베개를 해 줘서 편했어요. 하지만 여름엔 더워서 엄마 발치에서 자곤 했죠.

감기에 걸렸을 때면 엄마는 늘 내가 걱정돼서 병원에 데리고 가줬죠? 차가 싫었지만, 엄마가 같이 있어 줘서 견딜 수 있었어요.

내가 신장암에 걸렸을 때 엄마는 기운이 없었어요. 그리고 항암제를 맞을 때도 내가 천국에 가 버리는 건 아닌지 늘 걱정했지요. 그래도 나는 힘을 내서 일 년이나 항암제를 맞았어요. 엄마는 병원에 들러 나를 본 다음 일을 가곤 했어요. 병원비도 꽤 들어서 엄마는 많이 힘들었을 거예요.

　나를 병원으로 데려갈 때 엄마는 회사를 쉬었어요. 다음 날에는 일을 가야 해서 내가 혼자 집을 지키는 게 걱정되었을 거예요. 회사에서 돌아오면 늘 "쿠로!" 하고 큰 소리로 나를 불러 줬어요.

　어느 날 내가 잠이 들어 "야옹!" 하고 울지 못하자 엄마가 서둘러 달려와 "쿠로!" 하고 나를 큰 소리로 불렀죠? 대답이 없어서 걱정했지만 내가 "야옹!" 하고 우니까 엄마가 나를 안고 "살아 있어 줘서 고맙다"면서 몇 번이나 안아 줬어요.

　나는 엄마가 나를 사랑한다는 걸 알고 있어요. 내가 그때 천국에 갔다면 엄마는 매일 울었을지도 몰라요. 그래서 꼭 살아야겠다고 결심했어요. 하지만 입안이 빨갛게 부어서 밥을 먹지 못했어요. 말을 할 수 없어서 엄마한테 얘기도 못 했어요. 일주일이나 먹질 못해 호전되지 못한 나는 결국 천국에 갔어요.

엄마, 울지 마세요! 나는 행복했어요! 좋은 엄마가 되어줘서 정말 고마워요! 천국에서 엄마를 지켜볼게요. 이제는 엄마를 위해 스스로를 소중히 대하고, 더 예뻐지고, 더 건강하게 지내세요. 고마워요! 나는 세상에서 제일 행복한 고양이였어요!

## 엄마의 속마음

쿠로에게.

쿠로는 아주 영리해서 내가 하는 말은 거의 알아들었지? 영리한 쿠로, 너무 사랑해! 눈에 넣어도 아프지 않을 정도로 너를 사랑했어. 내가 아플 땐 걱정이 되어 옆에 꼭 붙어 있었지. 너무 귀여워서 어쩔 줄 모를 정도로 예쁜 아이였어. 이제 다시는 이런 쿠로를 만날 수 없는 거겠지?

쿠로가 온 후로 매일이 행복했어. 혼자 살던 나에게 가족이 생겨서 정말 기뻤어. 쿠로는 나의 아들이야. 때로는 내 남자 친구 같기도 했고.

하지만 일만 하느라 쿠로 옆에 있는 시간이 적었지? 미안해! 쿠로와 함께 있는 시간을 더 만들었어야 했다고 후회하고 있어. 다른 사람에게 맡긴 내 잘못이야. 난 정말 바보였어! 몇 번이나 쿠로에게 미안하다고 사과하고 싶어.

쿠로가 암에 걸렸을 때는 몸의 떨림이 멈추질 않았어. 왜 이렇게 예쁜 아이가 암에 걸리는 거지? 신은 없는 거야?

하지만 기적적으로 완치되었었지. 너무 감사했어. 암을 극복했으니 이제 십 년은 더 살 거라 생각했어.

엄마를 용서해 줘. 미안해! 며칠이나 쿠로를 위해 향을 피울 때마다 사과만 하네. 하지만 한국에 가 보고 싶다거나, 엄마가 예뻐졌다거나 등으로 쿠로에게 말을 걸곤 해. 쿠로가 천국에 간 이후로 매일 울고 있었지만, 그래도 이제는 쿠로와 이야기를 할 수 있게 됐어.

작년에 첫눈이 왔을 때 그 눈을 보면서 쿠로가 눈을 잡으려던 모습을 떠올렸어. 그 모습이 너무 예쁘다고 생각했거든. 그래서 또 울고 말았어.

이제 쿠로와 만날 수 없다고 스스로를 다독이고 있어. 하지만 내가 천국에 가면 나를 찾아 줄 거지? 다시 만나면 꼭 같이 자자! 엄마가 또 팔베개 해줄게!

그리고 우리 엄마랑 아빠는 만났니? 아마 만나서 신나게 놀고 있겠지? 나도 안심하고 향을 올

릴 때마다 쿠로에게 이런저런 얘기를 들려줄게. 지금까지 엄마를 행복하게 해 줘서 고마워! 내 아들, 내 남자 친구, 천국에서 행복하게 지내!

2023년 10월 21일 무지개 다리를 건넌 쿠로,
영원히 편안하게 쉬기를!

쿠로짱, 별이 되다

| | |
|---|---|
| 1판 1쇄 인쇄 | 2025년 6월 24일 |
| 1판 1쇄 발행 | 2025년 7월 1일 |

| | |
|---|---|
| 지은이 | KYO |
| 펴낸이 | 정원우 |
| 편집 | 이원석, 민지현 |
| 디자인 | 홍성권 |

| | |
|---|---|
| 펴낸곳 | 어깨 위 망원경 |
| 출판등록 | 2021년 7월 6일 (제2021-00220호) |
| 주소 | 서울시 강남구 강남대로 118길 24 3층 |
| 이메일 | book@premiumpublish.com |
| ISBN | 979-11-93200-14-8 (03830) |

ⓒ2025, KYO All rights reserved.

이 책은 저작권법에 따라 보호받는 저작물이므로 무단전재와 무단복제를 금지하며,
이 책의 내용을 이용하려면 반드시 저작권자와 본사의 서면동의를 받아야 합니다.